Michel Hecking

Simulationsplanung

Logistikplanung mit Simulationsplanungssoftware

GRIN - Verlag für akademische Texte

Der GRIN Verlag mit Sitz in München hat sich seit der Gründung im Jahr 1998 auf die Veröffentlichung akademischer Texte spezialisiert.

Die Verlagswebseite www.grin.com ist für Studenten, Hochschullehrer und andere Akademiker die ideale Plattform, ihre Fachtexte, Studienarbeiten, Abschlussarbeiten oder Dissertationen einem breiten Publikum zu präsentieren.

Michel Hecking

Simulationsplanung

Logistikplanung mit Simulationsplanungssoftware

GRIN Verlag

Bibliografische Information der Deutschen Nationalbibliothek: Die Deutsche Bibliothek
verzeichnet diese Publikation in der Deutschen Nationalbibliografie; detaillierte bibliografische Daten sind im Internet über http://dnb.d-nb.de/ abrufbar.

1. Auflage 2009
Copyright © 2009 GRIN Verlag
http://www.grin.com/
Druck und Bindung: Books on Demand GmbH, Norderstedt Germany
ISBN 978-3-640-43412-1

Logistikplanung mit Simulationsplanungssoftware

Seminararbeit

im Fachgebiet Logistik
am Lehrstuhl für Wirtschaftsinformatik und Logistik
der Westfälischen Wilhelms-Universität Münster

vorgelegt von: Michel Hecking

Abgabetermin: 2009-06-18

Inhaltsverzeichnis

Abbildungsverzeichnis

Abkürzungsverzeichnis

ASIM	Arbeitsgemeinschaft Simulation
CASE	Computer Aided Software Engeneering
GPSS	General Purpose Simulation System
SLAM	Simulation Language for Alternative Modelling
VDI	Verein Deutscher Ingenieure

1 Einleitung

Die zunehmende Komplexität und Dynamik in den Bereichen der Logistik eines Unternehmens führt zu immer neuen Aufgaben in der Planung und Optimierung von Logistiksystemen. Die Möglichkeiten statischer Betrachtungen und Berechnungen mit Durchschnittswerten finden hier nur begrenzte Anwendungsgültigkeit. Computergestützte Simulationssysteme, die die Komplexität und Dynamik großer Logistiksysteme realitätsnah abbilden, können diese Grenzen aufheben.

Ziel der vorliegenden Arbeit ist es, die softwareunterstützte Simulation in der Logistik zu kategorisieren und sich dadurch neu ergebende Möglichkeiten aufzuzeigen. Um dies zu verdeutlichen ist diese Ausarbeitung in fünf Kapitel untergliedert. Zunächst stellt die Einleitung kurz die Problemstellung und das Ziel der Arbeit vor. Das zweite Kapitel dient der Definition wichtiger Begrifflichkeiten, beschreibt die einzelnen Teilaspekte einer Simulation und soll so den Grundstein für die weiteren Erläuterungen legen. Weiterführend werden im dritten Kapitel die verschiedenen Softwaremöglichkeiten klassifiziert sowie auf deren Aufbau eingegangen. Im vierten Kapitel wird darauf eingegangen, wie Simulationssoftware die Durchführung einer Simulationsstudie unterstützen kann. Den Abschluss der Arbeit bilden ein kurzes Fazit sowie ein Ausblick auf zukünftige Simulationssysteme.

2 Begriffsbestimmung und Abgrenzung

2.1 Definition

Die Methode der Simulation wird heutzutage vielseitig eingesetzt. So dient sie nicht nur den Ingenieur- und Naturwissenschaften der Untersuchung zeitvarianter Sachverhalte, sondern unterstützt auch in den Wirtschaftswissenschaften die Analyse dynamischer Probleme. Gremien wie der Fachbereich Modellierung und Simulation des 1856 gegründeten Vereins Deutscher Ingenieure (VDI), die Fachgruppe Simulation in Produktion und Logistik der Arbeitsgemeinschaft Simulation (ASIM), aber auch Universitäten, Unternehmen und Forschungsinstitute tragen bis heute ihren Teil zur Verbreitung der Simulation in der Industrie bei.[1]

Der DUDEN für Informatik definiert den Begriff der *Simulation* als die „Nachbildung von Vorgängen auf einer Rechenanlage auf Basis von Modellen (das sind im Computer darstellbare Abbilder der realen Welt)."[2] Die *Simulation* dient dabei der Untersuchung von Prozessen, die „in der Wirklichkeit aus Zeit-, Kosten-, Gefahren-, oder anderen Gründen nicht"[3] durchführbar sind. Dazu zählt der DUDEN beispielsweise „die Ermittlung von Lagerstandorten zur bestmöglichen Belieferung, die Auswirkung von Maßnahmen auf die Umwelt, Ausbreitung und Bekämpfung von Krankheiten, [...]."[4]

Im Bereich der Logistik wird die *Simulation* vor allem „zur methodischen Absicherung der Planung, Steuerung und Überwachung der Material-, Personen-, Energie- und Informationsflüsse"[5] eingesetzt. *Simulation* ermöglicht schon im Vorfeld eine sonst nicht mögliche Transparenz der existierenden oder geplanten Prozesse, da bereits im Simulationsmodell Ursache-Wirkungs-Beziehungen deutlich aufgezeigt werden. Auf die genaue Bedeutung eines Simulationsmodells wird im Folgenden noch genauer eingegangen.

Die Richtlinie 3633 Simulation von Logistik-, Materialfluß- und Produktionssystemen des VDI stellt einen Leitfaden dar, der Entscheidungshilfen sowie Empfeh-

---

1 Vgl. ARNOLD, KUHN, FURMANS (2008), S. 73.

2 ENGESSER, CLAUS, SCHWILL (2006), S. 648.

3 ENGESSER, CLAUS, SCHWILL (2006), S. 648.

4 ENGESSER, CLAUS, SCHWILL (2006), S. 648.

5 ARNOLD, KUHN, FURMANS (2008), S. 73.

lungen zur Anwendung von Simulationsstudien enthält. Hier finden sich neben Begriffsdefinitionen auch Normen zur Durchführung einer Simulationsstudie.[6]

Die Richtlinie definiert *Simulation* als Nachbildung „eines Systems mit seinen dynamischen Prozessen in einem experimentierbaren Modell, um zu Erkenntnissen zu gelangen, die auf die Wirklichkeit übertragbar sind. Insbesondere werden Prozesse über die Zeit entwickelt."[7]

Die Modellierung der Zeit dient dabei als wichtiger Baustein, um Prozesse zeitlich einbetten und den automatischen Ablauf der *Simulation* in einem vordefinierten Zeitfenster gewährleisten zu können. Daneben gilt es, stochastische Einflüsse, sowie Synchronisation und Nebenläufigkeit abzubilden und darüber hinaus Kennzahlen zur Beurteilung zu bilden und zu interpretieren.[8]

Um dies zu ermöglichen ist es zunächst notwendig, einen geeigneten Rahmen für ein *Simulationsmodell* aufzustellen. Unter einem *Simulationsmodell* versteht der VDI eine zu Simulationszwecken „vereinfachte Nachbildung eines geplanten oder existierenden Systems mit seinen Prozessen in einem anderen begrifflichen oder gegenständlichen System."[9] Weiterhin unterscheidet sich ein Modell „hinsichtlich der untersuchungsrelevanten Eigenschaften nur innerhalb eines vom Untersuchungsziel abhängigen Toleranzrahmens vom Vorbild"[10], um dadurch ein auf das Wesentliche beschränktes Abbild der Realität zu erhalten. Weitere Eigenschaften eines Simulationsmodells sind die digitale Art der Beschreibung, der Symbolcharakter bzw. die graphische Darstellung als Beschreibungsmittel, sowie die Möglichkeit, mit Hilfe des Modells verschiedene Szenarien durchprüfen zu können.[11]

Im nächsten Schritt dient das *Simulationsexperiment* dem zielgerichteten Ausprobieren des Models. Dabei werden mehrere Experimente mit jeweils unterschiedlichen Szenarien durchgeführt. Die dadurch erstellten Kennzahlen werden interpretiert und auf das reale System übertragen, bevor im Anschluss das *Simulationsmodell* entsprechend angepasst wird. Es folgen weitere Experimente mit neu definiertem Modellrahmen. Dieser Zyklus wird solange durchgeführt, bis ein oder mehrere Szenarien und deren Kennzahlen den Ansprüchen des Unternehmens

6   Vgl. BECKER (1998), S. 181.

7   VDI Richtlinie 3633 (1996), Blatt 1.

8   Vgl. ARNOLD, KUHN, FURMANS (2008), S. 74.

9   VDI Richtlinie 3633 (1996), Blatt 1.

10   VDI Richtlinie 3633 (1996), Blatt 1.

11   Vgl. ARNOLD, KUHN, FURMANS (2008), S. 77.

genügen.[12] Um ein *Simulationsexperiment* durchführen zu können, sind Testdaten notwendig, die meist mit Hilfe stochastischer Verfahren ermittelt werden. Auf diese mathematische Umsetzung und die stochastischen Hintergründe bei der Modellierung solcher Datenmodelle wird aufgrund der wachsenden Komplexität in dieser Arbeit nicht näher eingegangen.

Um komplexe Sachverhalte entsprechend auswerten und darstellen zu können, ist der Einsatz von spezieller *Software* unerlässlich. Der DUDEN versteht unter diesem Begriff die „Gesamtheit aller Programme, die auf einer Rechenanlage ausgeführt werden können."[13] Dabei dient im Speziellen Anwendungssoftware der Lösung von Benutzerproblemen wie z.B. der Simulation.[14]

Simulationssoftware unterstützt „sowohl den Aufbau und die Verwaltung des Simulationsmodells als auch die Abbildung der Simulationszeit einschließlich der Durchführung von Zustandsänderungen im Modell."[15] Sie dient der „Organisations- und Prozessentwicklung und der Dimensionierung der Logistik- und Produktionsressourcen"[16], sowie der Bewusstseinsbildung und Schulung. Mit Hilfe von Simulationssoftware lassen sich Engpässe lokalisieren und analysieren, um sie dann völlig risikolos realitätsnah zu untersuchen und zu lösen.[17]

2.2 Notwendigkeit von Simulation

Ob eine Simulation notwendig ist, kann anhand verschiedener Kriterien beurteilt werden. Die ASIM fasst den Bedarf einer Simulationsstudie folgendermaßen zusammen:

– Soll das zeitliche Ablaufverhalten eines Systems untersucht werden,

– kann nicht aus vorangegangenen Erfahrungen geschlossen werden,

– sind die Grenzen analytischer Methoden erreicht,

– überfordern komplexe Wirkungszusammenhänge die menschliche Vorstellungskraft,

– oder ist das Experimentieren am realen System nicht möglich,

---

12 Vgl. KUHN, RABE (1998), S. 4 f.

13 ENGESSER, CLAUS, SCHWILL (2006), S. 648.

14 Vgl. ENGESSER, CLAUS, SCHWILL (2006), S. 648.

15 ARNOLD, KUHN, FURMANS (2008), S. 78.

16 SCHÖNSLEBEN, (2007), S. 438.

17 KESTENBAUM, (2008).

– so ist die Durchführung einer Simulation durchaus ratsam.[18] Allerdings erhält eine Simulation auch dann ihre Notwendigkeitsberechtigung, wenn das Problem zwar durch andere Verfahren leichter und schneller zu lösen wäre, aber spezielle Anforderungen an Kommunikation und Visualisierungen gestellt werden.[19]

2.3 Effektivität und Effizienz

Um eine Simulation hinsichtlich ihrer Effizienz und Effektivität zu optimieren, wurde sowohl von der ASIM, als auch vom VDI ein Leitfaden entwickelt. Auszugsweise seien hier einige Punkte erläutert.[20]

Um eine Simulation durchführen zu können, muss im Voraus ein klares Ziel definiert werden. Außerdem sollte abgeschätzt werden, in welchem Rahmen sich die Durchführung bewegen soll, um eine grobe Aufwandsabschätzung zu erhalten. Ein Experimentplan ist dabei unerlässlich und stützt sich auf eine fehlerfreie Datenbasis, um eine hohe Qualität der Ergebnisse zu gewährleisten.

Da man sich bei der Simulation innerhalb eines Modells bewegt, sollte dies so abstrakt wie möglich und so detailliert wie nötig gehalten werden, um ein optimales Kosten-Nutzen-Verhältnis zu erzielen. Dabei ist zu beachten, dass Simulationsexperimente keine optimale Lösung liefern und kein Ersatz für die eigentliche Planung darstellen.[21]

2.4 Nutzenaspekte

Wurde ein Problem auf die Notwendigkeit einer Simulation hin geprüft und die Simulation korrekt durchgeführt, so sind mehrere Nutzenaspekte zu erwarten. Zum einen kann das unternehmerische Risiko minimiert werden, indem z.B. Fehlplanungen vermieden werden. Im Hinblick auf kostengünstigere Lösungen kann das Logistiksystem dahin gehend verbessert werden, dass Lagerbestände und Puffergrößen angepasst werden, oder Ausfallzeiten minimiert werden. Die Ergebnisse bieten Entscheidungshilfen bei der Gestaltung von Systemen und der Auswahl von Alternativen. Des Weiteren können Mitarbeiter geschult und so das Ge-

---

[18]   Vgl. HRDLICZKA, JAKOBI (1997) S. 6.

[19]   Vgl. WENZEL, WEIß, COLLISI-BÖHMER (2008), S.15.

[20]   Vgl. ARNOLD, KUHN, FURMANS (2008), S. 74.

[21]   Vgl. VDI Richtlinie 3633 (1996), Blatt 1.

samtverständnis für das Logistiksystem verbessert werden.[22] Die dadurch bedingte verbesserte Transparenz einzelner Prozesse und Veranschaulichung komplexer Sachverhalte in einem Unternehmen steigert die Qualität der Produkte und Prozesse.[23]

2.5 Anwendungsbereiche

Die Simulation und damit auch die Verwendung von Simulationssoftware in der Logistik reicht von der Beschaffungs- und Distributionslogistik über die Produktionslogistik bis hin zur Transportlogistik. Bevorzugt betrachtet werden in dieser Arbeit vor allem innerbetriebliche Systeme, im speziellen Softwaresysteme der Produktionslogistik, da sie den größten Teil der Simulationssoftware auf dem Markt ausmachen. Die Logistikbereiche eines Unternehmens können gemäß des Lebenszyklus eines logistischen Systems jeweils in eine Planungsphase, Realisierungsphase und Betriebsphase eingeteilt werden.

Die *Planungsphase* dient dabei der Gestaltung innerbetrieblicher Anlagen, dem Nachweis von Funktionalität und Leistung, sowie der Verbesserung von Systemen und Abläufen. Darunter fallen beispielsweise die Simulation von Materialflusssystemen, die Lagersteuerung, etc.. Die *Planungsphase* hat langfristigen Entscheidungscharakter.

In der *Realisierungsphase* wurde bereits eine entsprechende Anlage ausgewählt und beim Hersteller bestellt. Die genaue Steuerung der Anlagen wird durch simulierten Probebetrieb detailliert festgelegt und darauf aufbauend erste Mitarbeiterschulungen durchgeführt. Dadurch soll die Inbetriebnahme der Anlage verkürzt werden.

Die *Betriebsphase* überwacht den laufenden Betrieb, führt Auftragsplanungen für die verfügbaren Anlagen durch und entwickelt Ausfallstrategien als Reaktion auf eventuelle Störfälle. Sie führt zu kurzfristigen Entscheidungen. [24] [25]

---

[22] Vgl. ARNOLD, KUHN, FURMANS (2008), S. 75 f.

[23] Vgl. SCHÖNSLEBEN, (2007), S. 462.

[24] Vgl. ARNOLD, KUHN, FURMANS (2008), S. 74 f.

[25] Vgl. KUHN, RABE (1998), S. 7 f.

2.6 Simulationsmethoden

Um die genauen Abläufe zeitlich möglichst exakt planen zu können, spielt bei der Modellierung eines Simulationsmodells die Berücksichtigung einer Zeitkomponente eine wichtige Rolle. Dabei muss die in der realen Welt voranschreitende Zeit auf das Modell übertragen und korrekt abgebildet werden. Wie Abb. 1 zeigt, unterscheidet man hierbei zwei grundsätzliche Methoden. Bei der *kontinuierlichen* Simulation werden in einem Zeitintervall unendlich viele Zustandsänderungen betrachtet. Im Gegensatz dazu ändern sich die Zustände bei einer *diskreten* Betrachtung nur sprunghaft, es werden endlich viele Zustandsänderungen abgebildet.

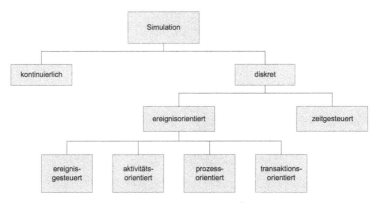

Abb. 1: Simulationsmethoden im Überblick[26]

Bei der diskreten Simulation unterscheidet man die *ereignisorientierte* Simulation, bei der das Modell in eine Menge von Ereignissen, Aktivitäten und Prozessen eingeteilt wird. Ein Ereignis verbraucht keine Simulationszeit, eine Aktivität hingegen ist eine zeitbehaftete Operation. Ein Prozess stellt eine zeitlich geordnete, inhaltlich zusammengehörige, sachlogische Folge von Ereignissen dar. Bei der zeitgesteuerten Simulation treten Zustandsänderungen nach bestimmten Zeitintervallen ein.

Da sowohl der *kontinuierliche* Ansatz, als auch die zeitgesteuerte Simulationsmethode auch wegen des großen Aufwandes der Simulation in der Logistik eine weniger wichtige Rolle spielen, wird im Folgenden lediglich die diskrete ereignisorientierte Methode verfolgt.

---

[26]   Quelle: ARNOLD, KUHN, FURMANS (2008), S. 80.

Die diskrete *ereignisorientierte* Variante kann nochmals in vier Unterkategorien eingeteilt werden. Der ereignisgesteuerte Ansatz geht davon aus, dass zu bestimmten Zeitpunkten bestimmte Ereignisse eintreten und dadurch Zustandsänderungen hervorrufen.

Die *aktivitätsorientierte* Methode arbeitet mit einer Menge von Aktivitäten. Diese werden zyklisch darauf untersucht, welche von ihnen ausführbar sind. Jeder Aktivität ist eine Eintrittsvoraussetzung sowie eine begrenzte Zeitspanne zugeordnet.

Die *prozessorientierte* Simulationsmethode teilt das Modell in mehrere parallel verlaufende, interagierende Prozesse. Diese können entweder eine Änderung einer Zustandsvariablen, oder ein Warten bewirken. Die Vorteile dieser Methoden liegen vor allem im hohen Grad der Anschaulichkeit der Modelle, sowie in der Nähe zur Objektorientierung, die für die Programmierung von Bedeutung ist.

Bei der *transaktionsorientierten* Simulationsmethode bilden permanente stationäre Objekte (Stationen) die Knoten eines Graphen, durch den mobile dynamische Transaktionen fließen. Ein Beispiel bildet hier die Modellierung von Warteschlangensystemen.[27]

---

[27]   Vgl. ARNOLD, KUHN, FURMANS (2008), S. 79 f.

3 Anforderungen und Charakteristika von Simulationssoftware

3.1 Klassifikation von Simulationssoftware

Um eine Simulationsstudie durchführen zu können, ist heutzutage umfangreiche Software von Nöten, welche die komplexen Berechnungen und vielseitigen Anforderungen verarbeitet und gegebenenfalls grafisch aufbereitet. Hauptcharakteristikum von Simulationssoftware ist die computergestützte Nachbildung eines Systems in Form eines Modells. Dabei greift die Software auf unterschiedliche Modellierungskonzepte zurück, wodurch die drei Werkzeugklassen *Simulationssprachen*, *Simulatoren* und *Simulationsentwicklungsumgebungen* unterschieden werden können.[28]

Simulationssprachen folgen einem sprachorientiertem Modellierungskonzept, welches an eine einfache Programmiersprache angelehnt ist und über Zusatzfunktionalitäten, speziell für die Logistik, verfügt. Zu diesen gehören die „Erzeugung und Steuerung von temporären/dynamischen Objekten, Ressourcen, Warteschlangen [...] und statistischen Auswertungsfunktionen."[29] Das entsprechende Simulationsmodell wird mittels einer Programmsyntax beschrieben und beim Ausführen von einem Compiler übersetzt. Typische Vertreter solcher *Simulationssprachen* sind z.B. GPSS oder SLAM. *Simulationssprachen* benötigen eine lange Einarbeitungszeit und besitzen einen hohen Grad an Modellierungsaufwand, können aber sehr flexibel in den verschiedensten Bereichen eingesetzt werden.[30]

Aufbauend auf einem generischen Modellierungskonzept kann die *Simulationsentwicklungsumgebung* als Software bezeichnet werden, die zur Entwicklung von Simulatoren eingesetzt wird. Die Software zeichnet sich durch den hohen Grad der Wiederverwendbarkeit aus. Sie wird zumeist nur von Simulationsentwicklern genutzt, deren Ergebnis dann dem Endanwender zur Verfügung gestellt wird. Solche Software, mit der sich z.B. Spezialsimulatoren für andere Anwendungen generieren lassen, wird auch als CASE-Tool bezeichnet.[31]

Als dritte Werkzeugklasse können *Simulatoren* differenziert werden. Diese bezeichnen eigene Programmpakete mit verschiedenen Funktionalitäten und Be-

---

[28] Vgl. Arnold, Kuhn, Furmans (2008), S. 82.

[29] Kuhn, Reinhardt, Wiendahl (1993), S. 274.

[30] Vgl. Fischer, Dittrich (2004), S. 117.

[31] Vgl. Arnold, Kuhn, Furmans (2008), S. 82 f.

standteilen, die nach einem Bausteinkonzept anwendungsorientiert arbeiten.[32] Solche Features reichen z.b. von der Möglichkeit der Datenverwaltung bis hin zur Ausgabe verschiedener Statistiken. Das Simulationsmodell selbst wird anhand von vordefinierten Modellbausteinen erstellt. Diese können einerseits 2D- oder 3D-Abbildungen realer Anlagenelemente wie Maschinen oder Fördersysteme darstellen, oder theoretischen Konzepten wie Petri-Netzen, Warteschlangen und anderen graphentheoretischen Gerüsten folgen.[33] Simulatoren, wie die Software Wirthsim vereinen mehrere Darstellungsformen in ihrer Ergebnisdarstellung. So kann bei Wirthsim das Modell durchaus mit 2D Elementen (vgl. Abb. 2) erstellt werden, um es später als 3D Simulation ausführen und analysieren zu können (vgl. Abb. 3). Testergebnisse werden in Tabellen, Balkendiagramm und anderen Diagrammen abgebildet.

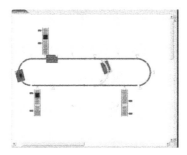

Abb. 2: 2D Darstellung des Wirthsim Simulators[34]

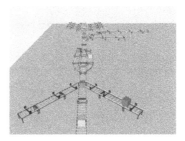

Abb. 3: 3D Darstellung des Wirthsim Simulators[35]

---

[32] Vgl. FISCHER, DITTRICH (2004), S. 177.

[33] Vgl. ARNOLD, KUHN, FURMANS (2008), S. 80.

[34] Quelle: WIRTHSIM GMBH (2009).

[35] Quelle: WIRTHSIM GMBH (2009).

Da durch eine starre Modellierung mit fest vorgeschriebenen Bausteinen Einschränkungen im Hinblick auf die Flexibilität des Modells entstehen können, bieten einige Softwaretools selbst modifizierbare Modellbausteine an.[36] Auf die genaue Verwendung solcher Simulatoren wird im Kapitel IT Unterstützung bei einer
Simulationsstudie noch genauer eingegangen. In Abb. 8 befindet sich ein Auszug
einer Marktübersicht, der die auf dem Markt befindlichen Simulatoren, beschränkt
auf den Bereich der innerbetrieblichen Logistik, zeigt. Weiterführend beschränkt
sich die Übersicht auf Simulatoren, die sich mit Problemen aus der Produktion,
Logistik, Distribution, Werksattsteuerung oder dem Materialfluss beschäftigen.
Basis dieser Übersicht bildet die Homepage www.softguide.de. Sie bietet auszugsweise eine Auflistung sowie Informationen über kommerzielle Softwarelösungen und IT-Dienstleistungen aus den Bereichen betriebliche Software, Busi-
ness Software, Branchensoftware und technisch-wissenschaftliche Software.

Unter den drei Werkzeugklassen können weiterhin drei Instrumentarien unterschieden werden. Hierzu zählen *anwendungsübergreifende* Software, *Schwer-
punktsoftware* für Bereiche der Logistik, Produktion und Distribution, sowie *Spezialsimulatoren* für exakt abgesteckte Sparten eines Unternehmens. *Anwendungsübergreifende*, allgemein verwendbare Software unterstützt im Allgemeinen die
Modellierung unterschiedlicher Probleme und Fragestellungen, auch über die
Grenzen der Logistik hinweg. Der dadurch entstehende hohe Komplexitätsgrad
macht eine hohe Einarbeitungszeit notwendig, meist mit Unterstützung eines Experten. Nicht selten geht dabei allerdings der „Bezug zur eigentlichen Anwendung
verloren"[37].

Software, deren *Schwerpunkte* primär in der Modellierung von Problemen in Bereichen der Produktion, Logistik, Distribution, Werkstattsteuerung oder dem Materialfluss liegen, kann als eigene Gruppierung angesehen werden.

---

[36]   Vgl. ARNOLD, KUHN, FURMANS (2008), S. 82 f.

[37]   ARNOLD, KUHN, FURMANS (2008), S. 83.

Im Gegensatz dazu lässt sich die Gruppe der *Spezialsimulatoren* definieren. Diese zielen auf einen Einsatz in bestimmten Teilgebieten wie fahrerlose Transportsysteme, Geschäftsprozesse oder Robotersysteme ab.

Abb. 4: Einordnung von Simulationswerkzeugen unter Berücksichtigung von Flexibilität und Anwendungsbezug[38]

Wie Abb. 4 verdeutlicht, sinkt mit steigendem Anwendungsbezug der Flexibilitätsgrad der Software. Je genauer eine Simulationssoftware auf eine Anwendung zugeschnitten ist, umso leichter ist es dem Benutzer möglich, ein entsprechendes Modell zu erstellen. Dies bedeutet eine hohe Bedienerfreundlichkeit und eine kurze Einarbeitungszeit. Die dafür nötige Fachkenntnis ist im Vergleich zu einer allgemein anwendbaren Software gering. Allerdings können eventuell Eigenschaften des realen Systems nicht mit den vordefinierten Bausteinen abgebildet werden. Beispiele hierfür sind die Softwarewerkzeuge Plant Simulation und DOSIMIS-3.[39] [40]

3.2 Aufbau von Simulationssoftware

Auch der Aufbau von Simulationswerkzeugen lässt sich in unterschiedliche Aufgabenbereiche unterteilen. Die bereits vordefinierte *Modellwelt* besteht aus Modellelementen, um das entsprechende System zu modellieren. Dabei unterscheiden sich zwei Arten von Modellierungskonzepten.

---

[38]   Quelle: ARNOLD, KUHN, FURMANS (2008), S. 84.

[39]   Vgl. ARNOLD, KUHN, FURMANS (2008), S. 82-84.

[40]   Vgl. FISCHER, DITTRICH (2004), S. 177.

Der *Simulatorkern* erzeugt unter Anderem zufällige Zahlenreihen, um stochastische Verteilungen zu erstellen, die zum späteren Testen des Modells notwendig sind.

„Die *interne Datenverwaltung* umfasst die Verwaltung aller zur Modellerstellung, Simulationsdurchführung und Ergebnisinterpretation notwendigen Daten"[41]. Diese Daten bestehen aus

- vom Anwender getätigten Eingabedaten,
- internen Zustandsdaten des Modells,
- sowie Ergebnisdaten, die im Verlauf und zum Ende der Simulation erstellt werden.

Des Weiteren stellt eine Simulationssoftware immer eine bestimmte *Benutzeroberfläche* zur Modelleingabe und Ergebnisdarstellung zur Verfügung. Ergebnisdaten sowie Formulare zur Dateneingabe werden hier auf graphisch ansprechende Art und Weise dargestellt. Außerdem ist es dem Anwender möglich, die einzelnen Modellelemente auszuwählen und entsprechend zu modellieren. Die Darstellung der Daten kann in Form von Listen, Statistiken, Graphen, oder komplexen graphischen Schaubildern erfolgen. Dazu zählen z.B. 2D- und 3D-Animationen, die die fließenden Prozessabläufe unter Berücksichtigung der Zeit abbilden.[42]

Um die Simulationssoftware auch in den betrieblichen Kontext zu integrieren, sind *Schnittstellen* notwendig. Durch sie kann auf externe Datenbestände zugegriffen werden, ohne dass diese in das jeweilige System erneut eingetragen werden müssen. Dabei ergibt sich das Problem noch nicht vollständig standardisierter Datenaustauschformate. Die Importschnittstellen müssen meist individuell an das Simulationsmodell angepasst werden. Bei der Reduzierung des Anpassungsaufwands gewinnen Online-Schnittstellen mehr und mehr an Bedeutung. Besonders bei kurzfristigen, strategischen Entscheidungen bieten sie schnelle Handlungsalternativen ohne lange Anpassungsmodalitäten. Für den Datenexport werden zumeist Schnittstellen zur Darstellung der Ergebnisse bereitgestellt. Dazu zählt unter Anderem der Export

- in Office Programmdateien,
- in Graphikformate zur Darstellung der Modelle,

---

41   ARNOLD, KUHN, FURMANS (2008), S. 84.

42   Vgl. ARNOLD, KUHN, FURMANS (2008), S. 84.

– oder in simulatorspezifische Datenformate mit protokolliertem Simulationsablauf.[43]

3.3 Auswahlkriterien für Simulationssoftware

Um die für das Unternehmen bestmögliche Softwarelösung zu finden, müssen im Vorfeld verschiedene Auswahlkriterien mit entsprechenden Gewichtungen festgelegt werden. Der Teilbereich der *Werkzeugentwicklung* umfasst vor allem die Entwicklung der Software, den Softwarehersteller mit seiner Marktpräsenz, seinen Referenzen und Vertriebskanälen. [44]

Kriterien über typische Anwendungsbereiche der Software, sowie Qualitätsanforderungen an den Benutzer fallen in das Gebiet des *Produkteinsatzes*. Einfluss nehmen hier auch Einschränkungen in Bezug auf Hard- und Software. [45]

Ein weiterer Aspekt ist die *Funktionalität* der Software. Hier muss darauf geachtet werden, dass die Leistungsmerkmale der Software, Möglichkeiten der Modellbildung, aber auch Aspekte der Usability und Ergebnisaufbereitung betrachtet werden. [46]

Die Anforderungen sollten außerdem auf *Service- und Marketingaspekte* des Softwareherstellers untersucht werden. Darunter fallen neben Support, Wartung und Erreichbarkeit des Herstellers auch Preise oder Schulungsmöglichkeiten. [47]

---

[43] Vgl. ARNOLD, KUHN, FURMANS (2008), S. 84 f.

[44] Vgl. ARNOLD, KUHN, FURMANS (2008), S. 85.

[45] Vgl. ARNOLD, KUHN, FURMANS (2008), S. 85.

[46] Vgl. ARNOLD, KUHN, FURMANS (2008), S. 85.

[47] Vgl. ARNOLD, KUHN, FURMANS (2008), S. 85.

4 IT Unterstützung bei einer Simulationsstudie

4.1 Einsatzdefinition und Datenerhebung

Um eine Simulationsstudie durchzuführen sind einige Vorarbeiten notwendig. So muss zunächst, wie eingangs erwähnt, die Simulationswürdigkeit durch eine Einsatzdefinition und eine Kosten-Nutzen-Analyse festgestellt werden. Es folgt die Datenerhebung, welche von besonderer Wichtigkeit ist, da sie das Grundgerüst der Simulation darstellt und Voraussetzung für ein erfolgreiches Ergebnis ist. Die ermittelten Daten werden aufbereitet und auf das Simulationsmodell abgestimmt.

Der VDI unterscheidet dabei drei Datenkategorien. *Technische Daten* beschreiben die Anordnung der gesamten Anlage und ihrer Systemkomponenten. *Organisationsdaten* sind Daten, die Informationen zu Arbeitszeiten, Ablauf und Ressourcenzuordnung liefern. Daten, die für eine termingerechte Disposition von Aufträgen wichtig sind, werden als *Systemdaten* zusammengefasst.

4.2 Modellbildung

Bei der Überführung der Realität in ein Modell ist darauf zu achten, die unterschiedlichen Ablaufregeln und Strategien unterschiedlicher Systeme individuell zu programmieren.

Gesonderte Betrachtung gilt den Übergängen zu anderen Systemen. Ankunftszeiten vorgelagerter oder das Bedienverhalten nachgelagerter Systeme werden zumeist näherungsweise mit Hilfe stochastischer Verteilungen modelliert. [48]

Ebenfalls wichtig für die Modellierung eines Logistiksystems ist die Wahl eines möglichst günstigen Detaillierungsgrades. So hat ein zu hoch gewählter Detaillierungsgrad einen hohen Zeitbedarf und Rechenaufwand zur Folge. Ein zu niedriger hingegen führt zu groben und damit nicht voll verwendbaren Ergebnissen. [49]

4.3 Verifikation und Validierung

Während des gesamten Ablaufs einer Simulation sollten alle Zwischenergebnisse ausreichend dokumentiert und auf Korrektheit sowie Angemessenheit geprüft werden. Fehler sollen frühzeitig erkannt und somit Geld und Zeit eingespart wer-

---

[48] Vgl. ARNOLD, KUHN, FURMANS (2008), S. 87.

[49] Vgl. KUHN, RABE (1998), S. 3.

den. Des Weiteren soll mit dieser Prüfung verhindert werden, ein richtiges Modell fehlerhaft interpretiert wird.[50]

Die *Verifikation* bringt dabei den Nachweis der Korrektheit der Zwischenergebnisse. Sie prüft die vorhandenen Daten auf Vollständigkeit und das Modell auf Exaktheit bezüglich der Umsetzung aus den gegebenen Daten. Bei zusätzlichen Implementierungsarbeiten für Bausteine eines Simulators oder bei vollständiger Verwendung einer Simulationssprache, ist der Programmcode zu verifizieren. [51]

Zusätzlich zur Verifikation sollte sichergestellt werden, dass das definierte Modell das Original fehlerfrei und ausreichend genau widerspiegelt. Durch diese subjektive *Validierung* soll die Glaubwürdigkeit des Modells bestätigt werden. Diese hängt von der Akzeptanz des Auftraggebers ab.[52]

Softwaretechnische Verfahren, um die Verifikation und Validierung eines Simulationsmodells sicher zu stellen sind beispielsweise

– die Animation, um das Verhalten eines Modells zu testen,
– das Monitoring, welches die Konsistenz der angezeigten Werte und die aktuelle Situation des Modells überprüft,
– die Sensitivitätsanalyse, welche die Eingabeparameter und voraussichtliche Ausgabeparameter des Simulationsmodells mit der Realität vergleicht.[53]

4.4 Simulationsexperimente

Wurde das Simulationsmodell anerkannt und für anwendungsbezogen befunden, so folgt die Durchführung der Berechnungen unter verschiedenen Eingabeparametern. Diese werden durch stochastische Verfahren meist vom System berechnet, können aber auch vom Anwender manuell ergänzt werden. Dabei hängt die Qualität der Ergebnisse von der Güte der verwendeten Daten ab. So lassen sich genaue Aussagen über Funktionalität der Technik und der Systemorganisation nur begrenzt treffen, da hierfür Informationen über das System, sowie die Systemlast vorhanden sein müssen.

---

[50]   Vgl. RABE, SPIECKERMANN, WENZEL (2008), S. 3.
[51]   Vgl. ARNOLD, KUHN, FURMANS (2008), S. 88.
[52]   Vgl. RABE, SPIECKERMANN, WENZEL (2008), S. 2.
[53]   Vgl. RABE, SPIECKERMANN, WENZEL (2008), S. 93-113.

4.5 Ergebnisanalyse und -aufbereitung

Im direkten Anschluss an das Simulationsexperiment folgt die Ergebnisdarstellung und die Interpretation der Ergebnisse. Zur Interpretation und Entscheidungsfindung legen Experten und Planer gemeinsam die Umsetzung im realen Betriebsumfeld fest. Die Darstellung der Ergebnisse kann auf unterschiedliche Art und Weise erfolgen. Oftmals stellt die Software mehrere Darstellungsalternativen zur Verfügung, um ergänzende Informationen dem Anwender nahe zu bringen.[54] Da Simulatoren die größte Palette an Darstellungsformen zur Verfügung stellen, wird im Folgenden ausschließlich auf diese eingegangen und Simulationssprachen sowie Simulationsentwicklungsumgebungen werden bewusst ausgeblendet.

Ergebniskennzahlen eines Experiments können verdichtet und in tabellarischer oder grafischer Form dargestellt werden. Hierzu zählen beispielsweise Säulen-, Kreis-, Sankey-, oder andere Diagrammtypen, in denen sich feste Kenngrößen wie Durchsätze, Durchlaufzeiten oder Störanteile darstellen lassen.[55] Abb. 5 zeigt ein Sankey-Diagramm für den Materialfluss innerhalb eines Unternehmens.

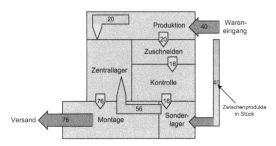

Abb. 5: Sankey Diagramm[56]

---

54 Vgl. ARNOLD, KUHN, FURMANS (2008), S. 88 f.

55 Vgl. ARNOLD, KUHN, FURMANS (2008), S. 88-91.

56 Quelle: FATTINGER (2005).

Um Sachverhalte darzustellen, die sich in Bezug zur Zeit ändern, bildet das Monitoring (vgl.Abb. 6) eine geeignete Repräsentationsform. Thermometer, aktuelle Bestände oder Füllstandanzeigen werden dem Anwender in Form von Zeitreihendiagrammen oder mit Hilfe von leicht verständlichen Symbolen und Texten dargestellt.[57]

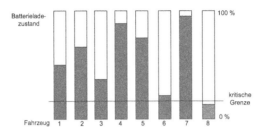

Abb. 6: Monitoring[58]

Die weitaus aufwendigere Variante stellt die Abbildung in Form von *Animationen* dar. Diese können entweder während eines Simulationslaufes, oder aber auch nach einem Simulationslauf als Playback-Animation durchgeführt werden.[59] Weiterhin lassen sich *symbolische, ikonische* und *fotorealistische* Animationsformen unterscheiden. *Symbolische* Animationen bilden das Modell über stark abstrahierte, allgemein gehaltene Darstellungsformen im Vergleich zur Realität ab. So können Ablaufprozesse etwa mit Petri-Netzen oder anderen graphentheoretischen Darstellungsformen animiert abgebildet werden.

---

[57]   Vgl. ARNOLD, KUHN, FURMANS (2008), S. 89.

[58]   Quelle: ARNOLD, KUHN, FURMANS (2008), S. 90.

[59]   Vgl. WENZEL, (1998), S. 25.

Bei der *ikonischen* Animation werden stark vereinfachte Elemente zur Animation genutzt. Diese weisen durch typische optische Merkmale durchaus Nähe zum realen Objekt auf. Abb. 7 zeigt ein Beispiel solch einer ikonischen Animation. Die *ikonische* Animation wird bei Logistiksimulatoren bevorzugt genutzt. Steigt die Realitätsnähe der Abbildungen weiter an, so handelt es sich um eine *fotorealistische* Animation. Durch realitätsgetreue, zusätzliche Illustration von Schatten, Reflexionen in dritten Dimension entsteht ein an die Wirklichkeit angelehntes Abbild.[60]

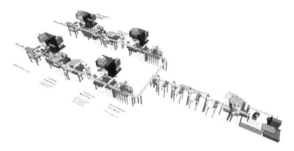

Abb. 7: 3D Darstellung einer Produktionslinie[61]

---

[60]   Vgl. ARNOLD, KUHN, FURMANS (2008), S. 90.

[61]   Quelle: KESTERBAUM (2008).

5 Fazit

Die Simulation mit Hilfe von Software übernimmt in der Logistik eine Vielzahl von Aufgaben. Angefangen bei der groben Konzeptsimulation zur Absicherung von Kapazitäten und Auslastung von Puffern, bis hin zur wirklichkeitsnahen Detailsimulation zur Abbildung realer Produktionssysteme. Besonders die in dieser Ausarbeitung beschriebenen Simulatoren zeigen, dass auch komplexe logistische Systeme vergleichsweise einfach untersucht und Planungsalternativen schnell aufgestellt werden können. Grenzbereiche eines zu untersuchenden Systems können ohne Risiken analysiert werden.

Doch durch die große Anzahl verschiedenster Simulatoren und anderer Softwarelösungen konnte noch kein einheitlicher Standard entwickelt werden. Der Austausch von Daten mit anderen Systemen ist noch mit Problemen behaftet. Eine einheitliche Modellierungssprache oder eine standardisierte Bibliothek an Simulationskomponenten hat bereits in der High Level Architecture Ansätze gefunden, steckt aber noch in der Ausbauphase. Ein weiterer Ansatz der Verknüpfung unterschiedlicher Modelle, der in dieser Arbeit nicht betrachtet wurde, ist die Digitale Fabrik. Diese stellt ein Abbild für ein Gesamtsystem einer realen Fabrik mit all ihren Prozessen, Mitarbeitern und Softwarewerkzeugen dar. Somit ist es mit der Digitalen Fabrik nicht nur möglich, eine ganzheitliche Planung aller wesentlichen Bestandteile der Logistik eines Unternehmens durchzuführen, sondern auch einzelne Produktionsschritte minuziös auszuarbeiten.

Durch die Etablierung sogenannter Third Party Logistics Provider werden Verantwortungsbereiche des Logistiksystems an Dritte ausgelagert. Dadurch steigt auch der Stellenwert der unternehmensübergreifenden Logistiksysteme. Verschiedene Systeme müssen untereinander agieren und die Wahl des Komplexitätsgrades wird dabei immer wichtiger.

Software	Hersteller	Beschreibung
3D Create	DUALIS GmbH IT Solution	3D Simulation: Vertriebsunterstützung, virtuelle Anlagenvalidierung und Digitale Fabrik
AutoMod	Simplan AG	Planung, Optimierung und Emulation von Produktions- und Logistiksystemen
BONAPART	Emprise AG	Design, Analyse und Simulation von Prozessen
Demo3D	Simplan AG	3D-Animationssoftware für Produktions- und Logistikanlagen zur Planung und Präsentation
eM-Plant	Siemens Product Lifecyle Management Software GmbH	3D Simulationstool zur Visualisierung, Planung und Optimierung von Produktion und Logistik
Enterprise Dynamics	INCONTROL Simulation Solutions	Entwicklungsumgebung zur diskreten, ereignisgesteuerten Ablaufsimulation
FreD SAP Add On	IT Trade Ltd.	SAP Add On zur Planung, Steuerung und Simulation der Fertigung
FLEXSIM	ATS Prozessoptimierung	Planungsabsicherung, Risiko- und Kostensenkung, Produktivitätssteigerung
Batch	INOSIM	Simulationstool zur Visualisierung, Planung und Optimierung von Produktion und Logistik
ISSOP	DUALIS GmbH IT Solution	Intelligentes System zur Optimierung und Simulation
PROJECTOR	Master Management GmbH	Betriebswirtschaftliche Analyse- und Simulationssoftware
Logistics Designer	LOCOM Software GmbH	Frachtenanalyse und Simulation in der Transportlogistik
ORion-PI	Axxom Software AG	Planung und Optimierung sämtlicher Prozesse in Produktion, Logistik und Distribution
Plant Simulation	Promasim GmbH	Simulation, Analyse, Optimierung von Produktion, Logistik, Geschäftsprozessen
Process Simulator	GBU mbH	Prozessabläufe einfach mit Microsoft Visio simulieren!
ProModel	GBU mbH	Simulationssoftware für Produktion, Logistik und Flow Manufacturing
QUEST	Deneb Robotics	Simulation-Environment mit GUI und Materialfluss Modulen
SCALA	Städtler Transport Consulting GmbH & Co. KG	Softwarelösung zur Frachtkostensimulation, -controlling, -analyse

21

ShowFlow	Incontrol Enterprise Dynamics GmbH	Simulationswerkzeug für diskrete, ereignisorientierte Simulation.
Simul8	Simplan AG	Software zur Planung und Optimierung von Produktion, Logistik und Geschäftsprozessen
SpeedSIM	DUALIS GmbH IT Solution	2D Simulation für die Planung in Materialfluss Produktion und Logistik
VisSim	Adept Scientific GmbH	Modellierung, Simulation und Entwurf von Steuerungssystemen
WirthSim	WirthLogistik GmbH	3D Animation, Simulation und Emulation von automatisierten Logistiksystemen
WITNESS	Lanner Group Ltd.	3D Produktions- und Geschäftsprozesssimulation

Abb. 8: Marktübersicht Simulationssoftware[62]

---

[62]   Quelle: SoftGuide GmbH & Co. KG (2009)

Literaturverzeichnis

Arnold, D.; Kuhn, A.; Furmans, K.; Isermann, H.; Tempelmeier, H.: Handbuch
Logistik. 3. Aufl., Berlin u. a. 2008.

Becker, M.: Richtlinien zur Simulationsanwendung in Produktion und Logistik.
In: Simulation in Produktion und Logistik. Hrsg: A. Kuhn, M. Rabe. 1.
Aufl. Berlin u. a. 1998, S. 181-193.

Engesser, H.; Claus, V.; Schwill, A.: Simulation. In: Duden Informatik. Hrsg.:
Meyers Lexikonredaktion. 2. Aufl., Mannheim u. a. 1993. S. 648.

Fattinger, J.: Wikipedia 2005. http://de.wikipedia.org/wiki/Materialflussanalyse_
(Graphische_Varianten). Abrufdatum 2009-06-17.

Fischer, W.; Dittrich, L.: Materialfluss und Logistik: Potenziale vom Konzept bis
zur Detailauslegung. 2. Aufl., Berlin u. a. 2004.

Hrdliczka, V.; Jakobi, H. u. a.. Leitfaden für Simulationsbenutzer in Produktion
und Logistik. ASIM Mitteilungen. In: ASIM Mitteilungen, Nr. 58, 1997.

Kestenbaum, H.; Simulationssoftware in Produktion und Logistik: Wichtige Kriterien für die Softwareauswahl. 2008. http://www.it-production.com/in-
dex.php?seite=einzel_artikel_ansicht&id=41421. Abrufdatum 2009-06-13.

Kuhn, A.; Rabe, M.: Simulation in Produktion und Logistik: Fallbeispielsamm-
lung. Berlin u. a. 1998.

Kuhn, A.; Reinhardt, A.; Wiendahl, H.P.: Fortschritte in der Simulationstechnik.
Handbuch Simulationsanwendungen in Produktion und Logistik. 7. Band,
Braunschweig u. a. 1993.

Rabe, M.; Spieckermann, S.; Wenzel, S.: Verifikation und Validierung für die
Simulation in Produktion und Logistik. Vorgehensmodelle und Techniken.
Berlin u. a. 2008.

Schönsleben, P.: Integrales Logistikmanagement. Operations und Supply Chain
Management in umfassenden Wertschöpfungsnetzwerken. 5. Aufl., Berlin
u. a. 2007.

SoftGuide GmbH & Co. KG: Aktuelle Marktübersicht: Software für Simulation.
2009. http://www.softguide.de/software/simulation.htm. Abrufdatum
2009-06-13.

VDI: Geschichte des VDI.
http://www.vdi.de/fileadmin/media/content/miv/geschichte_des_vdi.pdf
Abrufdatum 2009-05-17.

VDI Richtlinie 3633: Simulation von Logistik-, Materialfluß- und Produktionssysteme. 1996.

Wenzel, S.; Weiß, M.; Collisi-Böhmer, S.; Pitsch, H.; Rose, O.: Qualitätskriterien
für die Simulation in Produktion und Logistik. Planung und Durchführung
von Simulationsstudien. Berlin u. a. 2008.

Wenzel, S.: Verbesserung der Informationsgestaltung in der Simulationstechnik
autonomer Visualisierungswerkzeuge. Dissertation, Fraunhofer IML,
Dortmund 1998.

Wirthsim GmbH: Beispiele – Wirthsim. 2006. http://www.wirthsim.com/deutsch/
galerie/beispiele/. Abrufdatum 2009-06-14.

www.ingramcontent.com/pod-product-compliance
Lightning Source LLC
La Vergne TN
LVHW092353060326
832902LV00008B/1011